AF224761

ÉTUDE COMPARATIVE

SUR LES

STATIONS DE BOUES MINÉRALES

FRANÇAISES ET ALLEMANDES

« Cui fidas vide. »

PAR MM.

P. DELMAS,

Inspecteur du service hydrothérapique des hôpitaux
et directeur-médecin de l'Institut
hydrothérapique de Longchamps de Bordeaux.

L. LARAUZA,

Ancien membre du Conseil général de la Gironde,
et
médecin en chef des Thermes de Dax

PARIS

GERMER BAILLIÈRE, LIBRAIRE ÉDITEUR
rue l'École de Médecine, 17.

1872

ÉTUDE COMPARATIVE

sur les

STATIONS DE BOUES MINÉRALES

FRANÇAISES ET ALLEMANDES

ÉTUDE COMPARATIVE

SUR LES

STATIONS DE BOUES MINÉRALES

FRANÇAISES ET ALLEMANDES

« Cui fidas vide. »

PAR MM.

P. DELMAS,

Inspecteur du service hydrothérapique des hôpitaux
et directeur-médecin de l'Institut
hydrothérapique de Longchamps de Bordeaux.

L. L'ARAUZA,

Ancien membre du Conseil général de la Gironde,
et
médecin en chef des Thermes de Dax

PARIS

GERMER BAILLIÈRE, LIBRAIRE ÉDITEUR

rue l'École de Médecine, 17.

1872

Nous ne pouvons livrer à l'appréciation du lecteur notre *Travail comparatif sur les Boues allemandes et françaises*, adressé par nous à la Société d'Hydrologie médicale de Paris, sans le faire précéder du rapport présenté à ladite Société, par M. le D[r] Le Bret, médecin honoraire des eaux de Baréges, au nom d'une commission composée de MM. Bonnefoy, Bottentuit, Leudet, Rotureau et Le Bret, sur ce travail et sur un deuxième Mémoire ayant pour titre : *Les Eaux et les Boues de Dax;* résumé clinique du 2e semestre 1871.

Laisser la parole à des savants experts en la matière hydiatrique, nous paraît une juste déférence envers leur autorité médicale, et leurs jugements. quand nous avons eu le bonheur de les trouver bienveillants dans leur sincérité, sont pour nous un des plus agréables encouragements.

P. Delmas et L. Larauza.

Thermes de Dax, 1er août 1872.

ANNALES DE LA SOCIÉTÉ D'HYDROLOGIE MÉDICALE DE PARIS

Tome xvii, 1871-1872.

RAPPORT

Au nom d'une commission composée de MM. Bonnefoy, Bottentuit, Leudet, Rotureau et Le Bret, sur deux mémoires adressés par MM. Delmas et Larauza : 1° *Dax, ses eaux et ses boues, premier compte-rendu clinique;* 2° *Etude comparative sur les stations de boues minérales françaises et allemandes ;* et sur la candidature de M. le Dr Larauza, au titre de correspondant *national.*

J'ai l'honneur, Messieurs, de vous soumettre, au nom de la commission désignée à cet effet, un rapport sur deux Mémoires manuscrits, adressés à la Société par MM. les docteurs Delmas et Larauza.

M. Delmas, inspecteur du service hydrothérapique de l'hôpital Saint-André et directeur de l'établissement de Longchamps, à Bordeaux, appartient à notre Société comme membre correspondant national.

M. Larauza, ancien interne des hôpitaux de Bordeaux, ancien membre du Conseil de la Gironde, médecin en chef des thermes de Dax, sollicite de votre bienveillance le titre de correspondant.

Le premier des Mémoires auxquels ces honorables confrères ont collaboré, a pour objet le nouvel établissement thermal de Dax, dans le département des Landes. Il est destiné à nous faire connaître une création nouvelle, très-digne d'intérêt, tant au point de vue de l'installation, à laquelle les auteurs ont donné tous leurs soins, qu'eu égard à l'importance des résultats pratiques qu'on est en droit d'attendre d'une administration intelligente et sérieuse des eaux et des boues minérales de cette station.

Un membre de la commission, M. Rotureau, avait déjà,

dans son ouvrage sur les eaux minérales de l'Europe, exprimé des regrets très-justifiés sur l'abandon, par suite d'incurie inexplicable, des abondantes sources de Dax, où la domination romaine avait exploité des thermes renommés, sous le nom d'*Aquæ tarbellicæ*. On pouvait s'étonner avec lui que les habitants de la localité ou des environs fréquentassent seuls à peu près cette magnifique *fontaine d'eau chaude*, formant un bassin naturel à découvert, vaste et inépuisable, au centre de la ville, sans comper les sources et les dépôts de boues qui la complètent dans le voisinage de l'Adour. Ajoutons à de pareils avantages ceux d'un climat exceptionnellement doux, et qui semblait désigner la contrée où jaillissent ces eaux à la destination d'une station d'hiver, émule à certains points de vue de celles d'Amélie et du Vernet, dans la région pyrénéenne.

La réalisation de ces espérances est due à l'initiative et aux efforts exclusifs des deux médecins, auteurs du Mémoire ; elle est complète, et l'établissement fonctionne sous la direction de M. Larauza, médecin en chef. On peut dire que nous possédons à Dax des thermes capables de rivaliser avec certains bains célèbres en Allemagne ; il suffit d'énoncer ici sommairement les conditions que réunit cet établissement, pour lui concilier l'intérêt de la Société d'hydrologie, comme il est appelé à mériter celui du public médical et des malades.

La station de Dax dispose de deux agents thérapeutiques pour le traitement des maladies qui s'y présentent, des eaux et des boues, également minéralisées et thermales. Ces eaux ont une température de près de 60° centigrades, et la proportion de sulfates de soude et de chaux qu'y démontre l'analyse chimique, les classe parmi les sulfatées mixtes ; le débit des sources utilisées par les nouveaux thermes s'élève à 500,000 litres dans les vingt-quatre heures, et pourrait être accru très-facilement. Les boues, composées de limon végéto-minéral, constituent un mode de médication qui se recommande à l'attention des praticiens, et n'avait pas encore été developpé, en France, sur une pareille échelle.

Les thermes qu'ont fondés MM. Delmas et Larauza, couvrent un espace de 1,400 mètres environ. Nous n'entrerons pas dans la description circonstanciée de leur installation. Le rapporteur de notre commission a pu apprécier par lui-même, lors de l'ouverture de cet établissement, avec quelle méthode et quelle entente des progrès modernes il est organisé. On y trouve des bains d'eaux minérales, des piscines pour l'emploi des boues, des salles d'application locale de ces mêmes boues, des étuves variées, tous les appareils de douches actuellement en vigueur, des locaux pour la sudation et le massage, une salle de humage et d'applications localisées de la vapeur naturelle d'eau minérale, une grande piscine à eau minérale courante, et tous les aménagements accessoires d'un établissement thermal. Un service analogue est spécialement affecté aux malades indigents, dans d'excellentes conditions. Ce qui caractérise l'installation de ces thermes, c'est que toutes les pièces qui les desservent, situées sur un même plan en sous-sol donnent sur une vaste galerie vitrée, à forme rectangulaire, large de 2 mètres et d'un parcours de 143 mètres, faisant tout le tour de l'édifice. Cette galerie, où une moyenne de température de 15 à 18° au minimum a régné en hiver, permet aux malades d'opérer leur réaction ou de perdre tranquillement leur chaleur, quand ils ont été soumis à l'action sudorifique. Il n'est pas besoin d'insister sur l'avantage de pareilles ressources, au point de vue des résultats du traitement. Les médecins fondateurs de cet établissement ont procédé par eux-mêmes à la mise en œuvre de toutes ces appropriations, et la Société voudra bien remarquer avec nous que, pour la première fois, en France du moins, l'élément médical préside exclusivement à l'exploitation d'une eau minérale.

MM. Delmas èt Larauza développent, dans leur Mémoire, un tableau très-intéressant et très-instructif de tout ce service, auquel même ils viennent d'ajouter l'emploi méthodique des eaux mères, qui leur sont fournies par les *salines de Dax*, récemment mises en activité sur les bancs de sel gemme dont la contrée des Landes était dotée jusque-là infructueusement.

Après avoir exposé le mode d'administration des eaux et des boues de Dax, en insistant sur leur action physiologique et thérapeutique, ces messieurs ont complété cet exposé de leur œuvre par un résumé des faits cliniques, observés aux thermes pendant le deuxième semestre de l'année 1871. Quoique la notoriété des eaux de Dax, dans leurs applications curatives, remonte à une époque très-ancienne et prenne date même à la domination romaine dans les Gaules, c'est le premier document authentique que nous recueillons sur la valeur médicale des eaux et des boues de cette station ; M. Rotureau, en 1859, déplorait l'emploi restreint de ces belles sources thermales et exprimait le vœu qu'une entreprise intelligente fît de Dax une station thermale d'hiver, « où les malades des pays septen- « trionaux, souffrant d'affections qui redoutent surtout le « froid et l'humidité, ne manqueraient pas de se porter. » Ces prévisions s'accomplissent : la proximité de Pau et de Biarritz témoigne du climat favorable qu'on est en droit de demander à cette localité, et l'installation des thermes, qui peut réellement passer pour un modèle, replace la station de Dax à un rang supérieur.

La partie clinique du Mémoire se subdivise selon les affections qui se rapportent à l'élément nerveux, celles qui se localisent aux viscères et les affections des systèmes musculaire et articulaire. Des observations, recueillies soigneusement, établissent d'une manière sérieuse et vraiment médicale les effets des eaux et des boues de Dax, appliquées sous une direction expérimentée. Il suffit de considérer le relevé comparatif des résultats constatés pour rendre justice à la sincérité et au savoir des auteurs. Ce résumé récapitulatif, d'ailleurs, constitue une donnée de thérapeutique thermale, rangeant les thermes de Dax à côté de ceux de Néris et de Plombières, en France, de Gastein et de Wildbad, en Allemagne, pour ne prendre que des exemples de premier ordre.

Un deuxième Mémoire de MM. Delmas et Larauza, également adressé à la Société, porte pour titre : *Étude comparative sur les stations de boues minérales françaises et allemandes*. Évidemment, la proposition à laquelle nous avons donné suite, et dont le rapport d'une commission spécialement désignée figure dans le volume de nos Annales en voie de publication, a inspiré nos honorables confrères de Dax. Ils ont pensé pouvoir utiliser les éléments qu'ils possédaient et apporter ainsi un argument de plus à l'importance des stations thermales françaises, mises en regard des eaux allemandes, même les plus accréditées.

MM. Delmas et Larauza commencent par discuter ce qu'on doit entendre par *boues minérales*, et ils établissent une différence très-légitime entre l'emploi du limon *confervoïde*, qu'on qualifie à tort de *boues* dans certaines contrées de France et du dehors, et celui du dépôt terreux et salin, utilisé près de diverses sources. Encore, à cet égard, doit-on préciser de quel agent thérapeutique les médecins et les malades sont appelés à bénéficier. En Allemagne principalement, l'imagination des créateurs de stations thermales a pris un libre cours. Tantôt on a eu l'idée d'extraire de simples terres argileuses et de les mélanger artificiellement à des eaux minérales froides, pour en faire des *boues*, qu'on chauffe ensuite à l'aide de vapeurs, soit naturelles, soit artificielles ; ailleurs, comme à *Eilsen*, en Prusse, on a adjoint des bains de scories de charbon à l'usage d'une source ferrugineuse bicarbonatée. M. Labat, dans une *Étude sur les eaux et les boues de Franzensbad (Annales,* tome XV, p. 282 et suiv.), nous a décrit avec exactitude les diverses opérations successives à l'aide desquelles on transforme, à Franzensbad, une terre marécageuse en matière boueuse, très-réputée pour bains, cataplasmes et fomentations. Notre savant collègue ajoute même que les boues de Franzensbad, fabriquées de toutes pièces pour ainsi dire, représentent le type de celles employées en Bohême, par exemple à Marienbad, à Tœplitz. MM. Delmas et Larauza ont passé en revue ces diverses stations de boues ; comme de juste, celles de Barbotan et de Saint-Amand, en France, occupent une large place dans leur travail. Il ressort de cette comparaison que si, en Allemagne, les bains de boues sont beaucoup plus usités que chez nous, leur préparation et leur emploi offrent des conditions beaucoup plus rationnelles dans nos stations françaises qu'à l'étranger.

Les boues minérales forment à Dax des gisements d'une épaisseur et d'une étendue considérable. Le début de leur accumulation par les débordements de l'Adour, rivière à crues très-fréquentes, se perd dans la trace des siècles. Ces limons sont déposés sur les griffons même des sources minérales ; ces dernières, en les traversant, leur abandonnent une partie de leur sédiment et leur communiquent une thermalité notable. Enfin, sous l'influence des rayons so-

laires, il se développe au sein de l'eau minérale des conferves, et c'est un élément de plus, vrai limon végétal,
analogue à celui des bassins de Néris, si bien décrit dans un
Mémoire de MM. Becquerel et de Laurés (*Annales*, tome I,
p. 502), et dont les propriétés présumables s'ajoutent à
celles du limon minéral. Le Mémoire s'étend sur les bases
de cette double et intéressante composition de la boue de
Dax, notamment riche en sulfures, sulfites et hyposulfites,
acide sulfhydrique, etc. On remarquera que la température
de ces boues varie entre 35 et 45° centigrades, selon
l'abondance des filets d'eau minérale qui les traversent,
tandis qu'à Saint-Amand on est forcé de recourir à des
moyens de chauffage artificiel, et qu'à Barbotan la température des boues ne dépasse pas 36°, thermalité qui n'est
pas suffisante pour bien des cas pathologiques.

Le Mémoire dont il a été parlé antérieurement, complète
par des détails d'installation et des observations cliniques,
ce qui a trait au profit qu'on doit tirer des boues de Dax,
dans la cure des affections chroniques, particulièrement
rhumatismales et nerveuses.

La commission a l'honneur de vous proposer :

1° De renvoyer les Mémoires de MM. Delmas et Larauza,
au comité de publication ;

2° D'accueillir la candidature de M. Larauza au titre de
membre *correspondant national* de la *Société d'hydrologie*.

Ces conclusions sont adoptées.

ÉTUDE COMPARATIVE

SUR LES STATIONS DE

BOUES MINÉRALES FRANÇAISES ET ALLEMANDES

INTRODUCTION

Depuis les événements malheureux dont la France vient d'être la victime, notre engouement et nos dédains irréfléchis, pour les productions scientifiques ou industrielles allemandes, semblent avoir disparu.

Travailler! tel est le mot d'ordre.

Étudier nos richesses, nos ressources, nos tendances, nos faiblesses; les juger avec droiture, sans prévention, comme sans enthousiasme; les comparer avec celles de nos voisins, tel doit être le but à atteindre.

Déjà, de savants écrivains se sont proposés de démontrer l'origine vraiment française de travaux, de recherches que nous avions eu la faiblesse de rejeter *à priori* ou de n'avoir su apprécier qu'après leur retour d'outre-Rhin.

Ils ont établi que si l'Allemagne possédait des ressources, des richesses nombreuses, à étudier et à connaître, la France ne le cédait en rien sur bien d'autres points. Dans la sphère ét à Acqui (Italie), les *Boues,* constituées par un *limon minéral,* *sont formées par des terrains marécageux ou tourbeux, traversés* par des courants d'eau minérale ou simplement *baignés* par elle. Or, toutes ces boues, très-riches en carbonate et en silicate, sont des *Boues maigres, sèches, peu ou pas onctueuses,* et dont les effets tiennent autant à *l'irritation mécanique* due aux rudes frottements exercés sur la peau par les parcelles cristallines dures qu'elles contiennent, qu'à un *effet chimique* proprement dit. L'exemple le plus frappant qu'on en puisse donner est précisément l'action essentiellement mécanique des Boues *silicatées,* qu'on extrait du fond du lac de la station de Balaton-Furëd (Hongrie) [1].

Par suite d'une situation topographique exceptionnelle, DAX est pourvu de *Boues minérales,* dont la base est constituée par les *dépôts fluviatiles* de l'ADOUR, rivière essentiellement limoneuse, à débordements très-fréquents et sur les bords de laquelle viennent sourdre de nombreux griffons d'eau minérale sulfatée mixte, dont la température s'élève à soixante degrés centigrades.

On doit donc, dans une nomenclature complète des *Stations de Boues minérales,* admettre que le *limon minéral,* qui en fait la base essentielle, peut être constitué soit par un *terrain marécageux, tourbeux,* terrain presque toujours assez maigre, soit par un dépôt *limoneux fluviatile,* d'une onctuosité remarquable; et l'on comprend que, dans ce dernier cas, les BOUES doivent avoir une action thérapeutique différente, qu'on ne saurait négliger.

---

[1] *Nouveau Dictionnaire des sciences médicales,* article *Boues minérales;* t. X, p. 277. — 1869.

DES STATIONS D'EAUX MINÉRALES POURVUES DE **dépôts confervoïdes, mineralschlamm** DES ALLEMANDS, **limon végétal** D'APRÈS LES AUTEURS DU DICTIONNAIRE DES EAUX MINÉRALES.

Si l'on peut, si l'on doit même considérer les stations *abondamment* pourvues de LIMON MINÉRAL comme *les seules véritables stations de Boues minérales*, il ne peut en être de même ¡pour celles qui utilisent, presque toujours ·sous forme d'*applications tout à fait locales*, les dépôts confervoïdes recueillis dans les conduites ou dans les bassins collecteurs ou de réfrigération; car, la quantité, *toujours peu considérable*, de ce *limon végétal*, ne permet pas un *emploi généralisé* de cet agent thérapeutique.

C'est donc par pure habitude que la plupart des auteurs signalent à l'envi l'emploi des *Boues confervoïdes*, dans une foule de Stations minérales chlorurées sodiques, sulfureuses, sulfatées, bi-carbonatées, etc., où cette pratique est abandonnée depuis bien des années, si tant est qu'elle y ait jamais existé *régulièrement*. Tout au plus, si, dans quelques-unes encore, un petit nombre de malades, peut-être, s'appliquent comme topique *proprio motu* ces matières grasses et onctueuses, formées par les débris des végétaux microscopiques qui naissent au sein de ces eaux.

En résumé, qu'il suffise de dire que dans les stations de l'importance de Bagnères-de-Luchon, de Balaruc, de Bourbonne, de Bourbon-Lancy, de Néris, etc., pour ne citer que les plus renommées, on employait, *autrefois surtout*, les dépôts confervoïdes qu'elles produisent, de même qu'en Allemagne cela se pratique encore aujourd'hui dans les stations similaires.

Mais ni les unes ni les autres ne peuvent, à ce simple titre, figurer dans la classe des stations de Boues minérales.

DES STATIONS POURVUES DE BOUES A **limon minéral,** **mineralmoore** DES ALLEMANDS.

Il est encore nécessaire d'établir ici une division importante entre les stations où les *Boues à limon minéral* constituent la thérapeutique principale, et celles, au contraire, où cet agent thérapeutique n'est qu'un simple accessoire de la médication hydrologique proprement dite.

A ce dernier point de vue, tandis qu'en France cette pratique a été complètement négligée, en Allemagne, les créateurs de stations thermales ont donné trop libre carrière à leur imagination. En effet, les uns, par exemple, ont imaginé d'extraire de simples terres argileuses qu'ils mélangent *artificiellement* à des eaux minérales *froides* pour en faire des BOUES, qu'ils chauffent ensuite à l'aide de vapeurs tantôt naturelles, tantôt *artificielles;* les autres, comme à *Gleissen,* dans la province de Brandebourg (Prusse), possédant une source ferrugineuse bi-carbonatée froide, se sont avisés de joindre l'emploi de bains de *scories de charbon* à l'usage en *boisson* de l'eau minérale de cette station.

Enfin, dans un assez grand nombre de stations, on a utilisé les boues marécageuses, à travers lesquelles viennent sourdre les sources d'eau minérale, pour en faire de l'*eau boueuse,* qu'on utilise en applications partielles ou générales.

Mais là, encore, le traitement hydrologique proprement dit joue le rôle principal; il consiste dans l'emploi de l'eau minérale sous toutes les formes et, comme *accessoire, dans l'usage d'une boue marécageuse transportée, délayée et réchauffée plus ou moins artificiellement.*

Tel est, par exemple, MUSKAU, en Silésie (Prusse), eau sulfatée ferrugineuse, 12° centigrades, employée en bains et en boisson.

« On emploie en applications topiques et en bains des boues

minérales provenant de ces sources, sorte de tourbe mêlée à des matières ferriques ([1]). »

MEINBERG, dans la principauté de Lippe-Detmold. — Eau sulfatée mixte et sulfurée sodique à 7°, 9° et 12° centigrades, employée en bains et en boisson, et pourvue d'appareils pour les inhalations de gaz acide carbonique.

« On y associe parfois des boues minérales qui se recueillent dans le voisinage de *Meinberg,* au milieu de prairies marécageuses, et sont, d'après une analyse de *Brandes,* très-riches en sulfure de sodium. Ces boues sont l'objet d'une préparation préalable et on les chauffe à l'aide d'un courant de vapeur ([2]). »

MARIENBAD, Bohême-Autriche. — Eaux sulfatées sodiques, 7 à 9° centigrades, employées en bains et en boisson. « Les boues extraites des tourbières voisines servent sous forme de bains, *délayées* avec l'eau minérale *réchauffée,* ou en applications *topiques* ([3]). »

On pourrait encore citer Karlsbad (Bohême), Ischl (Tyrol), comme des exemples analogues aux précédents.

En France, la station de Barbotan (Gers) est dans des conditions assez analogues, avec cette différence toutefois, que dans cette dernière station, les Boues minérales sont contenues dans des piscines incessamment parcourues par l'eau minérale ferrugineuse bi-carbonatée de cette station, dont la température varie de 31 à 38° centigrades.

Dans ces conditions favorables, les Boues recueillent une partie des principes minéralisateurs contenus dans l'eau minérale et elles ne peuvent que s'améliorer en vieillissant sur place; en outre, elles ne subissent aucun chauffage artificiel.

Il est à regretter seulement que les eaux ne dépassent pas la température de 31 à 38° centigrades, chiffres trop faibles pour certains cas pathologiques.

([1]) *Dictionnaire des eaux minérales,* etc., *loco citato;* t. II, p. 414.
([2]) *Loc. cit.,* t. II, p. 560.
([3]) *Loc. cit.,* t. II., p. 523.

L'analyse des eaux de Barbotan a été faite à plusieurs reprises par des chimistes distingués, entre autres par M. Alexandre, dont voici l'analyse :

Eau : un litre.

Acide carbonique	0 122
Acide sulfhydrique	indéterminé.
Carbonate de chaux	0ᵍ 0210
Carbonate de magnésie	0 0020
Carbonate de fer	0 0312
Sulfate de soude	0 0312
Sulfate de chaux	0 0020
Chlorure de sodium et de magnésium	0 0190
Acide silicique et barégine	0 0290
Total	0 1354

Les Boues sont incessamment imprégnées par l'eau minérale. Elles constituent un limon noirâtre renfermant, outre les principes ci-dessus, de l'alumine, de la silice, de la magnésie, du sulfate de chaux, des oxydes terreux. Ces Boues provenant, comme la pluplart des Boues minérales allemandes plus haut citées, d'un terrain tourbeux, sont fortement sablonneuses, dures et maigres, comme nous avons pu le constater nous-mêmes. Il leur manque cette onctuosité remarquable qu'on retrouve à un si haut degré dans les boues fluviatiles de Dax.

En outre, la température native des eaux de Barbotan est trop basse pour qu'il s'y produise les végétations microscopiques *(oscillariées)* qui naissent en si grande abondance dans les eaux de Dax ; car ces végétations ne peuvent se faire que dans des eaux ayant au moins 45° centigrades.

Toutefois, telles qu'elles sont, les Boues de Barbotan peuvent être mises très-avantageusement en parallèle avec les Boues allemandes précédemment citées.

Comme celles-ci, Barbotan remonte à une haute antiquité ; elle jouit encore d'une grande faveur. Elle convient spécialement aux sujets rhumatisants, chez lesquels il est utile de ménager l'*excitabilité*. Elle donne de bons résultats dans les rhumatismes simples, ne s'accompagnant d'aucune lésion sérieuse et ancienne.

Mais nous avons hâte d'arriver à l'étude comparative *des grandes stations de Boues minérales*, de celles dans lesquelles cette médication joue toujours le principal rôle. En France, on en possède deux : *Saint-Amand* dans le Nord et *Dax* dans le Midi.

En Allemagne, on n'en possède, à proprement parler, qu'une seule pouvant être mise en parallèle avec les précédentes; c'est la station de *Franzensbad* ou *Franzensbrunn*, située en Bohême. On cite bien encore celles de *Balaton-Furëd* (Hongrie), de *Elster* (royaume de Saxe), et celle de *Nenndorf* (principauté de Hesse). Mais ces trois dernières stations sont loin d'avoir l'importance et la valeur de la station de Franzensbad.

Nous devons aux auteurs du *Dictionnaire des eaux minérales* des détails très-circonstanciés et très-intéressants sur la station française de Saint-Amand et sur la station autrichienne. Quant à la station de Dax, par la qualité et l'abondance extraordinaire de ses Boues, elle occupe une place *tout à fait à part*, et les Mémoires publiés sur elle jusqu'à ce jour contiennent *tant d'erreurs ou d'oublis*, qu'il est utile d'en refaire complètement l'histoire.

STATION DE **Boues minérales** DE FRANZENSBAD

(ÉTATS AUTRICHIENS-BOHÊME)

Eau sulfatée sodique (ferrugineuse), température 8°,5 à 12° centigrades.

Ces eaux sont administrées en boisson, en bains et en douches.

« Les Boues de Franzensbad, disent les auteurs du *Dictionnaire des eaux minérales, passent pour les bains les plus importants en ce genre de toute l'Allemagne.* On administre, dit-on, à cette station, plus de quatre mille bains de boues chaque année [1], et ce moyen constituerait la médication principale du lieu. M. Rotureau ne serait pas disposé à leur attribuer une grande valeur thérapeutique. Il ne les considère que comme un simple adjuvant de la médication interne, propre à déterminer des effets stimulants énergiques. »

Ces boues sont constituées par les terres marécageuses situées à l'entour de cette station et traversées par des eaux minérales riches en sulfate et en carbonate de fer. Elles sont classées parmi les *boues ferrugineuses.* Ces marécages s'étendent sur une longueur d'un kilomètre et sur une épaisseur de plusieurs mètres.

D'après Radige, qui en a fait l'analyse, elles contiennent du

Sulfate de protoxyde de fer.
   — de manganèse.
   — de chaux.
   — d'alumine.
   — de magnésie.
   — de strontiane.
   — de lithine.
   — de soude.
Chlorure de sodium.
Phosphate de soude.
Silice.
Une matière gommeuse et de l'acide humique.

Ces boues, destinées aux bains, sont préparées de la manière suivante :

---

[1] Ce chiffre est bien faible comparé à celui fourni par la station de Dax, où plus de quinze cents malades viennent chaque année réclamer les bénéfices de cette précieuse médication. Ce qui, d'après les calculs les plus modérés, porte à plus de quinze à vingt mille le nombre des bains de boues administrés chaque année à cette dernière station.

« On retire la boue du marécage à la fin de l'été, et on l'expose pendant tout l'automne et l'hiver sur un terrain incliné, après l'avoir étendue en couche épaisse. Là, elle absorbe l'oxygène de l'air, dégage des gaz carbonique et sulfhydrique, et subit dans sa constitution primitive des modifications importantes, difficiles, dans tous les cas, à préciser.

» Au printemps, on la retourne et on enlève les parties grossières qu'elle pourrait contenir, comme les racines et les petites branches, on la réduit en poudre à l'aide de bêches et de moulins à bras, après quoi elle est employée.

» Suivant les besoins de la journée, on place une certaine quantité de boue *desséchée* et *pulvérisée* dans une tonne, et on y fait arriver de la vapeur de la source *Louise*. Par ce moyen, la température du mélange s'élève jusqu'à 100° centigrades. La baignoire est placée sous cette tonne, après qu'on y a versé un peu de boue fraîche; puis on y laisse tomber la quantité nécessaire de boue chauffée. Pour un bain de boue de consistance moyenne, on prend de 80 à 90 kilogrammes de boue froide et chaude et de 240 à 250 litres d'eau minérale [1]. »

Il y a des bains entiers, des demi-bains et des bains partiels; on emploie encore cette boue en guise de cataplasme. Mais alors on lui donne plus de consistance et on la place dans un sac ou on l'étend sur un linge à la manière de cataplasmes ordinaires.

Ces boues sont surtout efficaces dans les affections rhumatismales, les paralysies consécutives de même nature et dans les névralgies rebelles.

Cette station ne remonte qu'à une date récente dans ses constructions.

On remarquera que, sauf le mode de minéralisation du gisement boueux, *tout est artificiel dans sa préparation et son emploi médical.*

---

[1] *Dictionnaire des eaux minérales*, etc., t. ı, p. 291.

Le *chauffage* de l'eau minérale, destinée à son tour à *délayer*, puis à *réchauffer* ce limon préalablement *desséché* et *pulvérisé*, contribue peu à l'augmentation de ses qualités thérapeutiques.

La pratique suivie à la station de Boues minérales de Saint-Amand nous paraît supérieure à tous les points de vue.

STATION DE **Boues minérales** DE SAINT-AMAND (FRANCE)

DÉPARTEMENT DU NORD

Eau sulfatée calcique, température 19°5 centigrades. Sa composition est analogue, pour ne pas dire identique, à celle des eaux de DAX; sauf la température bien plus élevée dans cette dernière.

« Les sources de Saint-Amand jaillissent du terrain tertiaire où elles empruntent, du moins en partie, leur minéralisation. On rencontre autour d'elles une multitude de petits filets d'eau qui, en délayant la couche la plus superficielle du sol, composée d'humus et d'autres débris végétaux, forment des boues dont on tire à Saint-Amand un grand parti. . . . . Les eaux de Saint-Amand ne s'emploient guère en dehors des *Boues* qui ont fait la renommée de cette station et qui la caractérisent réellement ([1]). »

A l'article BOUES MINÉRALES, les auteurs du *Dictionnaire des eaux minérales* complètent l'historique de cette station.

« La Boue, disent-ils, est accumulée dans un vaste bassin divisé en quatre-vingts loges, très-rapprochées les unes des autres, d'une largeur de un mètre et d'une profondeur de un à deux mètres. Cette disposition permet aux malades de prendre des bains partiels ou complets. *Comme les loges reçoivent sans cesse par leur partie inférieure de l'eau minérale qui entraîne*

([1]) *Dictionnaire des eaux minérales,* etc., t. II, p. 674.

la boue avec elle, le liquide s'écoule par le trop plein, tandis que les matières solides restent au fond. . . . .

. . . . La température native du bain de boue n'étant que de 23° à 24° centigrades, *on l'échauffe artificiellement jusqu'au degré prescrit.* Sa durée est de.*plusieurs heures.* Inutile d'ajouter qu'après chaque bain de boue, le malade se plonge dans un autre bain d'eau minérale, dit bain de propreté (¹). »

Ici encore la température *native* des Boues est tout à fait insuffisante et il est nécessaire d'y remédier par un chauffage *artificiel.*

Néanmoins, le mode de préparation des Boues adopté à Saint-Amand nous paraît supérieur à celui employé à la station de Franzensbad. Leur entretien, leur régénération permanente pendant toute la durée de la saison thermale, par les courants d'eau minérale qui les traversent de *bas en haut,* leur donne des qualités autres que celles obtenues à la station allemande par le procédé du *mélange* et du *délayage,* fait pour chaque bain et *au moment même de sa préparation.*

De tout ce qui précède, on peut d'ores et déjà pressentir que, si en Allemagne l'usage des Boues à limon minéral est beaucoup plus généralisé qu'en France, *leur préparation et leur emploi sont beaucoup plus rationnels* chez nous que chez nos voisins. Aussi les résultats thérapeutiques obtenus à Barbotan, et surtout à Saint-Amand, doivent-ils être plus satisfaisants. Et c'est, en effet, ce qui semble résulter des travaux cliniques très-intéressants de M. Charpentier, médecin inspecteur de cette dernière station (²). D'après ce praticien, l'application des Boues de Saint-Amand conviendrait spécialement aux affections rhumatismales chroniques et « surtout, dit-il, aux états morbides que cette inflammation détermine dans les muscles de la vie de relation, les aponévroses, les tendons et leurs coulisses ; comme aussi dans toutes les parties molles

---

(¹) *Dictionnaire des eaux minérales,* etc., t. i, p. 289.
(²) *Dictionnaire des eaux minérales,* etc., t. ii, p. 676.

qui environnent les articulations ou celles situées dans leur intérieur : d'où résultent l'épaississement, l'hypertrophie des ligaments, l'altération des cartilages qui revêtent les extrémités articulaires des os et des os eux-mêmes, des épanchements de nature diverse dans la capsule synoviale, etc.; la faiblesse, la paralysie, l'atrophie des muscles, toutes lésions qui se traduisent souvent par la difformité plus ou moins considérable des articulations, et la direction vicieuse des membres..... Les maladies articulaires, suite d'entorse, de coups, de chute, d'affections scrofuleuses, les fausses ankyloses, effets de luxation ou de fracture; les plaies calleuses, fistuleuses, surtout celles produites par armes à feu; les engorgements même passés à l'induration du tissu cellulaire... » (*Traité des Eaux et des Boues de Saint-Amand, 1852.*)

Mais là ne se bornent pas nos richesses hydrologiques, et la station de Boues minérales de DAX, dont il reste à faire l'historique pour achever ce travail, suffirait à *elle seule,* s'il en était besoin, pour nous conserver la suprématie. Car, non-seulement cette station possède toutes les qualités qui distinguent les précédentes, mais encore elle en a d'autres d'une importance majeure qu'elle doit à sa situation topographique exceptionnelle, à l'extrême abondance de ses boues *fluviatiles* et à la haute thermalité de ses eaux, qualités que ne possèdent ni Barbotan, ni Saint-Amand, ni Franzensbad, ni Elster, ni Nenndorf, etc.

STATIONS DE **Boues minérales** DE DAX (FRANCE)

DÉPARTEMENT DES LANDES

Dax, ville de neuf à dix mille âmes, située sur la rive gauche de l'Adour, au pied du dernier contrefort du soulèvement volcanique *post-pyrénéen*, est à trente-cinq kilomètres de la mer. Elle jouit d'un climat d'une douceur et d'une égalité de température remarquables. Aussi, M. Rotureau, dans son bel ouvrage sur les principales eaux minérales de l'Europe, signale-t-il cette station comme appelée à devenir « *une station ther-* » *male d'hiver, où les malades des pays septentrionaux souffrant* » *d'affections qui redoutent surtout le froid et l'humidité, ne man-* » *queraient pas de se porter* (1), » si du moins, ajoute-t-il, une municipalité intelligente savait faire les sacrifices nécessaires pour y attirer les étrangers.

Les vœux de M. Rotureau et de bien d'autres encore viennent enfin d'être exaucés, et les THERMES tout récemment construits sont certainement, à l'heure présente, l'un des établis_sements les plus beaux de l'Europe. Aussi doit-on les prendre pour type dans une description des *Boues* et des *eaux* de DAX.

Les eaux de DAX appartiennent à la classe des eaux sulfa-tées mixtes. Elles fournissent à l'analyse les principes suivants :

Température............. 59° 8/10°

Gaz spontanés

Oxygène.............................	0 35
Acide carbonique........................	1 62
Azote..................................	98 03
Total (centimètres cubes)........	100 »

Substances fixes et gazeuses dans un kilogramme d'eau
gaz en dissolution

Acide carbonique........................	5 90
Oxygène................................	3 40
Azote..................................	11 40
Total (centimètres cubes)........	20 70

---

(1) *Des principales eaux minérales de l'Europe*, par Armand Rotureau, vol. France ; Paris, 1859, p. 874.

Substances fixes

Sulfate de chaux......................	0	55921
— de magnésie....................	0	16895
— de soude......................	0	04306
— de potasse.....................	» »	traces
Chlorure de sodium....................	0	30077
Carbonate de chaux....................	0	09151
— de magnésie..................	0	01558
— de fer......................	» »	traces
— de manganèse..................	» »	traces
Silicate de chaux.....................	0	04518
Phosphate de chaux....................	» »	traces
Iode..............................	» »	traces
Brome.............................	» »	traces
Matières organiques...................	» »	traces
	1ᵍ 02224 (¹)	

M. Serres, géologue et naturaliste distingué du département des Landes, à qui l'on doit l'analyse précédente, a bien
voulu nous autoriser à publier l'extrait suivant d'un grand
travail manuscrit, concernant l'étude générale géologique et
hydrologique de la région dacquoise.

« Non moins remarquables par leur abondance que par leur
» haute température, dit ce savant auteur, les sources ther-
» males qui sourdent à Dax, le sont autant par leur nombre
» qui est vraiment prodigieux. »

« Considérées dans leur ensemble, elles accusent un gise-
» ment linéaire, dont l'étendue de l'Est à l'Ouest est d'un
» kilomètre environ. Les extrémités apparentes de ce curieux
» gisement sont à *Saint-Pierre*, la petite source du *Rot*, et, aux

---

(¹) On remarquera que le chiffre accusé ici, 1ᵍ022 de substances fixes
par litre, est plus du double de celui qui se trouve dans l'analyse du
Dictionnaire des eaux minérales, t. ɪ, p. 522. Cette différence tient à ce que
les auteurs du Dictionnaire ont, par inadvertance, confondu la *livre* avec
le *litre*, en reproduisant l'analyse de ces eaux, faites au commencement
de ce siècle par Jean Thore et Pierre Meyrac.

» *Beignots*, celle qui alimente l'établissement de bains. Dans sa
» partie centrale, qui en est aussi la partie la plus développée,
» sa largeur est assez étroitement limitée, au Midi de la *Fon-*
» *taine chaude*, par un certain nombre de puits de température
» et de profondeur différentes, et, du côté opposé, en inclinant
» vers le Nord-Ouest, par les sources qui se trouvent *le long du*
» *port et dans le lit même de l'Adour, où des bulles d'un gaz à*
» *dégagement intermittent décèlent leur présence.* Ce gaz est, d'ail-
» leurs, commun à toutes les sources de la station. »

« La relation bien évidente du groupe thermal de DAX avec
» l'*ophite,* en nous autorisant à le classer préventivement parmi
» les *eaux salines mixtes,* nous permet de supposer, avec autant
« de raison, que son apparition, contemporaine du soulève-
» ment de cette roche, n'a pas eu d'autres causes que son sou-
» lèvement même. Des indices particuliers nous permettent de
» présumer, en outre, que *ce soulèvement fut sous-marin,* c'est-
» à-dire qu'il eut lieu tandis que les flots de la mer baignaient
» encore la roche d'où les sources jaillissent. »

Les BOUES MINÉRALES forment, à DAX, des gisements d'une
épaisseur et d'une étendue considérables. Ils sont formés
depuis des siècles par les dépôts limoneux de l'Adour, rivière
à débordements très-fréquents. Ces limons sont déposés sur
les griffons même des sources minérales; ces dernières, en les
traversant, leur abandonnent une partie de leur sédiment. En
outre, sous l'influence des rayons solaires, il se développe au
sein de l'eau minérale des *conferves* analogues, sinon identi-
ques, à celles recueillies dans les bassins de réfrigération des
eaux de Néris, *non soustraits à l'action du soleil;* M. de Laurès,
ancien médecin de cette station, a laissé une étude des plus
complètes de ces plantes aquatiques et thermales.

M. Hector Serres a refait un travail analogue et tout aussi
considérable pour les conferves des eaux de DAX.

Le résumé suivant de cette longue étude suffira pour bien
faire connaître cet élément important des richesses thérapeutiques de cette station.

« Les BOUES DE DAX, dit M. Hector Serres, *étant composées*

» *d'un limon minéral et d'un limon végétal, constituent une espèce*
» *particulière assez rare, qu'on ne retrouve nulle part en France si*
» *ce n'est à Préchacq, village distant de trois lieues de* DAX, *et*
» *situé comme cette ville dans la vallée de l'Adour.* »

« Le premier de ces deux éléments complexes de cette espèce
» de *Boue végéto-minérale* en est aussi le plus considérable. Il
» provient des débordements limoneux de l'Adour. Le second
» est formé de la substance même des corps organisés qui
» naissent, vivent et meurent dans l'eau thermale. A cette
» double base principale, il faut ajouter, d'un côté, les résul-
» tats de l'évaporation spontanée, et, de l'autre, avec bien plus
» de certitude, celui de *l'action réductible* que lesdits corps
» organisés *(oscillariés)* exercent sur les bi-carbonates terreux
» et métalliques dissous dans l'eau. »

D'après cet exposé, il est facile de voir que les *Boues miné-*
rales de DAX ne ressemblent guère ni aux depôts *marécageux*
de Saint-Amand et de Barbotan (France) ou à ceux de Franzensbad (Bohême), ni aux dépôts *tourbeux* ou simplement
confervoïdes de Bourbon-Lancy, de Néris, de Bourbonne, etc.
(France), de Muskau (Silésie-Prusse), ni encore moins aux
bains de scorie de charbon en usage à Gleissen (province de
Brandebourg-Prusse).

Les Boues de DAX sont noires, gluantes et très-onctueuses au
toucher, tachant fortement le linge et même le corrodant.
Exposées à l'air, elles prennent aussitôt une couleur grisâtre ;
leur odeur « *sui generis* » rappelle de loin celle de l'acide
sulfhydrique.

Outre la présence des éléments contenus dans l'eau minérale, on trouve encore, dans ces boues, de la *silice* qui y prédo-
mine, de l'*alumine*, de l'*acide sulfhydrique*, des *sulfites*, des
hyposulfites, des *sulfures*, et, en proportion considérable par
rapport à la quantité contenue dans l'eau elle-même, du *fer* et
de la *matière organique*.

Nous devons à l'obligeance de M. Guyot-Dannecy, pharma-
cien en chef des hôpitaux de Bordeaux, l'analyse suivante des
Boues de DAX.

« Séchées à une température de 100° jusqu'à ce qu'elles
» aient cessé de perdre de leur poids, elles m'ont fournies, à
» l'analyse, les résultats suivants :

Silice.	796ᵍ51
Alumine.................................	76 21
Proto-sulfure de fer.......................	29 31
Oxyde de fer.............................	24 68
Magnésie.	16 32
Chlorure de sodium........................	1 29
Matière organique combustible...............	30 97
Iode................ Brome .... Potasse très-sensible... Perte	4 71
Boues séchées.................	1000ᵍ »

En creusant un puits pour l'exploitation des bancs de *sel
Gemme* de Dax, M. Richard, ingénieur, a traversé une couche
de *Boues Fossiles,* située à vingt mètres au-dessous du sol actuel et à trois kilomètres environ des bords de l'Adour. Ce gisement a cinquante centimètres d'épaisseur ; ces boues antediluviennes sont très-compactes et offrent les mêmes qualités
physiques que les *Boues* de récente formation.

Dans une première analyse, M. Guyot-Dannecy s'est assuré
que leur composition chimique offrait la plus grande analogie
avec celle des *Boues* recueillies de nos jours.

Elles renferment :

Matières organiques........................	150ᵍ »
Matières solubles dans les acides,............	108 »
Silice..................................	742 »
Boues séchées.................	1000ᵍ »

Toutefois, M. Guyot-Dannecy fait des réserves, car il se
propose de faire connaître ultérieurement les résultats de nouvelles recherches entreprises sur ces intéressants dépôts fluviatiles.

Les principales espèces de conferves recueillies dans les eaux de DAX sont désignées sous les noms de *oscillatoria labyrinthiformis* et *oscillaria grateloupii*. Elles contiennent de l'*iode* et du *brôme*. Incinérées après avoir été desséchées, elles laissent 45 p. 100 de cendres composées de *chaux*, de *magnésie*, de *fer*, de *chlore*, de *soufre*, de *manganèse* et d'*acide carbonique* à l'état de carbonates.

En outre, au contact des matières organiques, conferves ou autres, les eaux de DAX donnent lieu à la production de la *sulfuraire*.

La rapidité avec laquelle se développent ces conferves et leur abondance sont vraiment prodigieuses. Pendant leur période de développement, elles dégagent en quantité des bulles d'un gaz qui, obtenu de ces plantes par la compression, est composé ainsi qu'il suit, d'après l'analyse de M. Hector Serres :

Acide carbonique.....................	0$^{c.c.}$74
Oxygène............................	36 03
Azote..............................	65 25
Total...............	100$^{c.c.}$00

Le gaz contenu dans les conferves recueillies à Néris a donné à M. de Laurès, d'après l'analyse :

Pendant le mois d'août			*Pendant le mois de décembre*		
Acide carbonique......	4$^{c.c.}$45		Acide carbonique......	1$^{c.c.}$38	
Oxygène............	20	52	Oxygène............	23	16
Azote..............	75	03	Azote..............	75	46
Total........	100$^{c.c.}$00		Total........	100$^{c.c.}$00	

Si, par l'extrême abondance de ses eaux (*plusieurs millions de litres* par vingt-quatre heures, à la température de 60°), DAX peut être déjà considérée comme une station hydrologique aussi importante que Néris que nous prenons pour type, DAX, comme STATION DE BOUES MINÉRALES, doit être placée au premier rang, parce qu'elle se trouve bien au-dessus de toutes celles déjà passées en revue dans ce travail.

En effet, elle leur est supérieure *par la quantité considérable* de ses Boues renouvelées ou augmentées plusieurs fois par an depuis des siècles par le *limon Adourien*, venant se déposer sur les griffons même d'un grand nombre de sources; par *la qualité* de ces boues à la fois *minérales* et *végétales*, minéralisées d'une manière incessante par les eaux qui les traversent et les réchauffent en même temps. Les principes contenus dans les eaux subissent, au contact des matières organiques si abondantes contenues dans ces limons, une réduction amenant la formation d'*acide sulfhydrique,* de *sulfures*, de *sulfites*, *d'hyposulfites,* etc...., et, comme conséquence, déterminant la production *de courants électriques*. Or, l'on sait la *puissance catalytique* de ces corps ou agents, quand ils sont A L'ÉTAT NAISSANT.

Pour bien les utiliser dans ces conditions exceptionnellement avantageuses, les THERMES DE DAX ont adopté les dispositions suivantes :

Dans un vaste rez-de-chaussée rectangulaire, divisé en deux parties par un pavillon central et circonscrivant deux grandes cours intérieures, sont disposées des cabines voûtées, parfaitement closes et complètement séparées entre elles. Dans chacune d'elles se trouve une piscine de un mètre de largeur et de deux mètres trente centimètres de longueur, creusée dans le sous-sol, contenant les boues; celles-ci sont parcourues par des courants d'eau minérale à DÉBIT VARIABLE, de manière à obtenir, *ce qui n'existe nulle part, une échelle thermométrique* de Boues graduées, depuis 35° jusqu'à 45°. Au delà, le bain n'est plus tolérable, et au-dessous de 35° il donne une sensation de fraîcheur et même de froid, assez désagréable.

A côté de chacune de ces piscines, se trouvent des baignoires en marbre ou des appareils à douches, en jet, en pluie, pourvus d'eau minérale chaude ou refroidie.

Les Boues contenues dans ces piscines, dont la profondeur atteint trois mètres, étant ainsi soustraites aux rayons solaires, les conferves ne peuvent s'y développer. *Mais, pour combler cette lacune importante,* deux vastes réservoirs, cubant chacun trois cents hectolitres, sont placés au centre des deux cours et

bien exposés aux rayons du soleil. Ces bassins sont pleins de
Boues et traversés par les courants d'eau minérale. Les conferves s'y développent, augmentent les éléments organiques
des Boues, et l'eau minérale achève de les vivifier en les traversant du fond à la surface. Dans cet état, elles sont ajoutées
sans préparation artificielle quelconque à celles déjà contenues
dans les piscines.

En outre, un troisième collecteur beaucoup plus vaste (il
contient 1,200 hectolitres de Boues) est disposé le long de
l'Adour, sur des griffons très-importants. Il est connu depuis
des siècles sous le nom de TROU DES PAUVRES et considéré dans
toute la contrée comme ayant établi l'antique réputation des
Boues de DAX.

LES APPLICATIONS LOCALES DE BOUES ont reçu aux THERMES
des développements considérables. Pour les faire dans les conditions les meilleures et les plus agréables, des *lits en marbre*,
reposant sur le réservoir même de la source principale et
maintenus ainsi constamment à une douce chaleur, sont dis-
posés dans une pièce close, dont l'air chaud et *légèrement humide* a toujours au moins 30° à 32° centigrades.

Le malade peut, sans vêtement, s'asseoir ou se coucher sur
ce lit d'un nouveau genre. Un récipient à double fond, par-
couru par de la vapeur et rempli de Boue, est placé à côté de
lui ; à l'aide de la main ou d'une palette, si la Boue est trop
chaude, on enveloppe toute la partie malade, le poignet, la
main, le coude, le genou, le pied. Si l'on ne veut obtenir qu'une
révulsion modérée, on se borne à ce mode d'application ; pour
développer une action plus énergique, on recouvre la partie
enveloppée de Boues, avec un manchon métallique à double
fond, qu'on remplit de vapeur. Au sortir de là, et suivant les
indications, le malade est soumis à une douche locale ou générale, en pluie ou en jet, chaude, tempérée, froide ou écossaise.

Il peut ensuite faire l'exercice prescrit, dans les vastes gale-
ries environnantes, maintenues à une douce chaleur, légèrement *humide*, par le grand réservoir des sources, situé au centre
et immédiatement sous le sol même de l'établissement. Aussi,

sous ce dernier rapport, les Thermes constituent-ils, en effet, un *vaste vaporarium*, tel que l'avait demandé Trousseau, pour le traitement des affections chroniques des voies respiratoires.

Mais là ne se bornent pas les ressources variées de l'installation des Thermes de Dax. Trente baignoires en marbre; cinq salles hydrothérapiques, pourvues d'eau minérale chaude ou refroidie, renfermant vingt-cinq appareils pour l'administration des grandes douches; deux vastes piscines; un grand bassin de natation contenant cinquante mille litres d'eau minérale; une salle de humage pour les inhalations; des étuves naturelles, des bains de caisse térébenthinés, des salles avec lit pour le massage et pour les sudations au maillot, faites au sortir des Boues ou des étuves, des déshabilloirs, des appartements et une table de famille très-confortables pour ceux qui désirent séjourner dans l'établissement même, complètent les Thermes de Dax.

La clinique de la station de Dax ressemble à la fois à celles de Franzensbad, de Saint-Amand, de Barbotan et de Néris, etc.

De temps immémorial, dès les premiers jours du printemps, les habitants des Landes, des Basses-Pyrénées, du Pays-Basque espagnol, etc., se rendent en masse aux *Boues de* Dax. Les uns sont atteints de rhumatisme simple ou goutteux, articulaire ou musculaire, et souvent de lésions articulaires diverses, plus ou moins graves, conséquence de ces diathèses; les autres, de lésions chroniques consécutives aux grands traumatismes, aux plaies par armes de guerre, de blessures graves, d'ulcères, d'accidents syphilitiques anciens.

Les névralgies, surtout celle du nerf sciatique, les paralysies consécutives aux lésions des centres nerveux, au rhumatisme ou à l'hystérie, les affections névropathiques, les névroses, la chlorose, l'anémie, les affections de l'organe utérin se rencontrent encore très-souvent à cette station thermale.

Le nombre considérable de malades fréquentant cette station

---

(1) *Annales d'hydrologie médicale de Paris*, 1871-1872.

démontre que les résultats thérapeutiques en sont excellents. Et ils le sont, en effet, comme le prouvent les résultats heureux fournis par la clinique des Thermes de DAX, pour l'année 1871 [1]; c'est le premier travail médical *sérieux* qui ait paru sur cette station, depuis les consciencieuses recherches faites au commencement de ce siècle, par un laborieux médecin militaire, Jean Thore, chargé, à cette époque, de la direction d'un vaste hôpital militaire, créé à DAX pour recevoir tous les malades rhumatisants provenant de l'armée d'Espagne. Jean Thore déclare avoir obtenu avec les eaux et les Boues de DAX des résultats extrêmement remarquables. Malheureusement, nos malheurs de 1814 et de 1815, en nous imposant les plus strictes économies, amenèrent la fermeture de cet hôpital, qui, pendant une assez longue période de temps, contint jusqu'à plus de 500 malades à la fois.

CONCLUSIONS.

Le traitement par les *Boues confervoïdes (limon végétal, mineralschlamm* des Allemands), très-employé en France autrefois, l'est beaucoup moins aujourd'hui, tandis qu'en Allemagne cette pratique a été conservée.

Du reste, les Boues confervoïdes étant toujours en petite quantité, leur emploi ne peut être généralisé, et la plupart des eaux minérales dont elles proviennent, sulfureuses, chlorurées, sodiques, bi-carbonatées, etc.; ont, par elles-mêmes, une valeur thérapeutique de premier ordre qui permet de négliger, *sans inconvénient réel*, cet élément de la médication thermale.

Le nombre de stations de *Boues minérales (limon minéral, minéralmoore* des Allemands) est plus considérable en Allemagne qu'en France; mais si nous péchons par la *quantité*, nous l'emportons de beaucoup par la *qualité*.

Nous avons vu qu'en Allemagne on n'hésite pas à procéder

d'une manière tout à fait *artificielle*, *arbitraire*, dirons-nous, à la préparation des Boues, de même qu'à leur minéralisation et à leur chauffage. Dans la station de *Franzensbad*, par exemple, station considérée en Allemagne comme la plus importante, en son genre, de toutes celles des pays d'outre-Rhin, la Boue *est extraite dès l'automne, exposée et séchée* à l'air; à la saison suivante, broyée à l'aide de moulins à bras, elle est *mélangée avec une eau minérale froide et réchauffée artificiellement au moment de s'en servir*.

Après cette succession de procédés aussi arbitraires, où trouver ce qu'on a si heureusement appelé la *vitalité propre des eaux minérales?*

A la station française de *Saint-Amand*, les procédés employés, surtout en ce qui concerne la minéralisation *permanente* des Boues, sont beaucoup plus logiques; malheureusement, il est nécessaire de recourir à un chauffage *artificiel*.

A *Barbotan*, les Boues sont, comme à Saint-Amand, des Boues *marécageuses tourbeuses*, traversées, d'un bout d'année à l'autre, par des courants d'eaux minérales; en outre, elles offrent l'avantage de ne pas être soumises à un chauffage artificiel, et le seul reproche à faire, c'est que la température de ces Boues (31° à 35°) ne soit pas toujours suffisante pour bien des cas pathologiques.

Mais la *station de Dax* suffirait à elle seule, s'il en était besoin, à remplacer les deux autres; car elle n'a aucun de leurs défauts, et seule elle possède des *Boues végéto-minérales* ayant pour excipient un *limon fluviatile* extrêmement abondant. La température de ces *Boues* varie de 35° à 45°, suivant l'abondance des filets d'eau minérale qui les traversent; ce sont les limites extrêmes d'une bonne thérapeutique. *Enfin, elles sont constamment minéralisées, depuis des siècles*, par des eaux hyperthermales (60°) d'une abondance extraordinaire, abondance qui permet de compléter largement, et sous toutes les formes hydrologiques possibles, la médication thermale suivie à cette station.

Ajoutons, comme le disait M. A. Rotureau, dès 1859, dans

son remarquable ouvrage sur les principales eaux de la France et de l'Europe, que le climat de *Dax* est celui d'une excellente station hivernale, où se rendra un jour le plus grand nombre des rhumatisants des pays septentrionaux.

En attendant, et grâce à ses THERMES, la station de *Dax* est en mesure, depuis 1871, de recevoir des malades toute l'année.

Bordeaux, imp. Duverdier et Cie (Durand, directeur), rue Gouvion, 7.